I0697870

Sweet Wonder:

Una Estrategia de Branding para Exportar Chocolates Hondureños

Por Daniel Cruz

«Comer chocolate puede tener una influencia importante sobre el estado de ánimo, por lo general conduce a un aumento de sensaciones agradables y una reducción de la tensión.»

-- Peter Rogers, Ph.D., Institute of Food Research

Introducción

Introducción: Desde Honduras con Amor: Una Guía para el Branding de Chocolates Hondureños

En el vasto universo de los placeres gastronómicos, pocos manjares pueden compararse con la indulgencia seductora del chocolate.

En los últimos años, este delicioso tesoro ha trascendido fronteras y se ha convertido en un fenómeno global que va más allá de la mera satisfacción de los antojos.

El mercado mundial del chocolate ha alcanzado la sorprendente cifra de US$100 mil millones de dólares anuales, demostrando ser mucho más que un simple producto de consumo: es una experiencia sensorial que fusiona arte, cultura y sabores exquisitos.

Cifras Reveladoras: En la última década, el mercado del chocolate ha experimentado un crecimiento constante, alimentado por la creciente demanda de productos premium, éticos y de origen único.

Datos cuantitativos revelan que el consumo per cápita de chocolate ha aumentado significativamente en diversas regiones del mundo, destacando la preferencia del consumidor por la calidad sobre la cantidad.

El Auge de lo Exclusivo: Los consumidores contemporáneos buscan experiencias únicas y auténticas, y es en este contexto donde los chocolates de origen se han erigido como verdaderas joyas gastronómicas.

La narrativa detrás del cacao, la tradición en su producción y la conexión emocional con los productores se han convertido en factores críticos para los amantes del chocolate que buscan más que simplemente un dulce.

Honduras: Tesoro Cacaotero Oculto: En este escenario vibrante, la historia de los chocolates hondureños emerge como un capítulo fascinante por descubrir.

Honduras, tierra de biodiversidad y cultura ancestral, ha mantenido durante siglos un secreto bien guardado: su cacao excepcional.

Con características de sabor únicas derivadas de su *terroir* diversificado, los granos de cacao hondureños poseen un potencial extraordinario para deleitar los paladares más exigentes.

Desde Honduras con Amor: Esta guía es una inmersión profunda en la creación y desarrollo de una marca de chocolates hondureños, explorando cada faceta de la estrategia de branding que llevará este exquisito tesoro centroamericano a los rincones más lejanos del mundo. Desde la personificación de la marca hasta la adaptación a las últimas tendencias del mercado, esta es una guía integral para emprender el emocionante viaje de lanzar una marca de chocolates hondureños en el competitivo mercado global.

El Potencial Disruptivo: A medida que los consumidores buscan experiencias culinarias más allá de lo convencional, el lanzamiento de una marca de chocolates hondureños se presenta como un acto potencialmente disruptivo.

La autenticidad de los productos, la narrativa cautivadora y la calidad distintiva tienen el poder de transformar no solo la percepción del chocolate, sino también la manera en que se concibe y se disfruta.

Así, prepárese para sumergirse en un viaje que va más allá del placer sensorial, explorando la riqueza cultural de Honduras a través de sus chocolates.

"Chocolateada Catracha" es la brújula que lo guiará en la travesía emocionante de dar vida a una marca de chocolates hondureños en el escenario mundial.

¡Bienvenidos a un mundo donde la pasión por el cacao encuentra su corazón en cada bocado!

Contenido

4. **Campañas de Marketing Emocional: 21**
   - Desarrollar campañas publicitarias que resalten las emociones asociadas con el chocolate, conectando el consumo con momentos especiales de indulgencia y placer. Utilizar historias inspiradoras sobre los productores locales y sus familias.
5. **Diferenciación del Origen del Cacao: 29**
   - Hacer hincapié en la singularidad del cacao hondureño, destacando sus sabores únicos y la diversidad de perfiles de sabor. Utilizar la narrativa del origen para diferenciar los chocolates hondureños en un mercado competitivo.
6. **Colaboraciones Estratégicas: 35**
   - Buscar asociaciones con chocolaterías, chefs reconocidos y marcas de renombre para crear ediciones especiales y colaboraciones exclusivas. Estas asociaciones pueden elevar la percepción de la calidad y la exclusividad de los chocolates hondureños.

7. **Presencia en Redes Sociales: 41**
    - Desarrollar una sólida presencia en redes sociales para compartir la historia detrás de cada producto, mostrar el proceso de fabricación y fomentar la participación de los consumidores. Utilizar plataformas visuales como Instagram para destacar la estética del chocolate y su origen.
8. **Adaptación a Tendencias del Mercado: 47**
    - Mantenerse al tanto de las tendencias del mercado, como la demanda de chocolates premium, orgánicos y de comercio justo. Adaptar la oferta para satisfacer las preferencias del consumidor y destacar las características distintivas de los chocolates hondureños.

En resumen, la estrategia se centra en la autenticidad, la calidad y la conexión emocional, al igual que la estrategia de Juan Valdez. La historia detrás del cacao hondureño y su transformación en chocolate debe ser el núcleo de la estrategia, aprovechando la rica herencia cacaotera del país.

Capítulo 1:

Personificación de la Marca: Encarnando la Esencia Hondureña

En el vibrante mundo del chocolate, la personificación de una marca se convierte en el alma que da vida a la experiencia del consumidor.

Así como Juan Valdez se erige como el embajador humano del café colombiano, los chocolates hondureños encuentran su voz y rostro en un personaje que encarna la autenticidad y la rica tradición cacaotera de Honduras.

1.1 La Inspiración en las Chocolatiers Hondureñas: Para personificar la marca de chocolates hondureños, nos inspiramos en los heroínas anónimas herederas de las tradiciones del cacao: *las Chocolatiers hondureñas*. Al igual que Ingrid Laederach Steven, cuya imagen refleja la dedicación de los chocolatiers suizos, nuestro personaje será un homenaje a las mujeres chocolatiers hondureñas que con sus manos hacen magia para poner su corazón en cada receta de chocolate que preparan para el mundo.

1.2 Transmitiendo Compromiso y Pasión: Nuestro personaje encarna los valores fundamentales que definen la experiencia de las chocolatiers hondureñas. El compromiso con la calidad, reflejado en cada paso del proceso, desde el cultivo hasta la cosecha, al proceso y la magia de la producción, se refleja en un personaje que cuida con devoción cada detalle. Su pasión por el cacao es palpable, transmitiendo la herencia cultural y la riqueza de la tradición hondureña a través de su conexión con la tierra y el producto.

1.3 Ejemplos Exitosos en la Personificación de Marcas:

a. Juan Valdez - Colombia:

- Juan Valdez ha sido un pionero en la personificación de marcas, representando la autenticidad y la dedicación de los caficultores colombianos. Su imagen ha trascendido las fronteras, convirtiéndose en un ícono reconocido globalmente. Desde 1959 la marca se ha establecido como un referente de los cafés colombianos, incursionando el 2002 en el mercado internacional como una exitosa franquicia.

b. Chef chocolatero Jacques Torres - Francia:

- El chef Jacques Torres, apodado "Mr. Chocolate", personifica la excelencia en la creación de chocolates. Su pasión por el arte del chocolate se refleja en cada obra maestra, estableciendo una conexión personal entre el creador y el consumidor.

c. Willie Harcourt-Cooze - Reino Unido:

- Willie Harcourt-Cooze, un productor de chocolate británico, personifica la búsqueda de la perfección en el chocolate de origen. Su compromiso con los granos de cacao de alta calidad y su conexión con las comunidades productoras se traducen en una marca que resalta la autenticidad.

d. Ingrid Laederach Steven - Suiza:

- En 2015, Géraldine ganó el Swiss Chocolate Masters y ese mismo año se convirtió en la mujer mejor clasificada en el World Chocolate Masters de París. "Como la mujer con el ranking más alto en la competencia, se necesitó creatividad y pasión para lograrlo".

1.4 Valores Hondureños a Transmitir:
Honduras, tierra de diversidad cultural y geográfica, aporta valores fundamentales que nuestro personaje encarnará con gracia y autenticidad:

a. Diversidad Cultural:

- Nuestro personaje reflejará la riqueza cultural de Honduras, incorporando elementos tradicionales que resalten la diversidad de la región.

b. Sostenibilidad:

- La sostenibilidad será una piedra angular, mostrando cómo los agricultores hondureños cultivan el cacao de manera responsable, cuidando la tierra para las generaciones futuras.

c. Pasión por la Calidad:

- La búsqueda inquebrantable de la calidad se reflejará en el personaje, transmitiendo la dedicación de los productores hondureños a producir chocolates excepcionales.

Al personificar la marca de chocolates hondureños, estamos creando más que un símbolo. Estamos dando vida a la historia de una nación a través del arte del cacao.

Este personaje será la esencia que cautivará corazones y paladares en todo el mundo, llevando consigo la promesa de un chocolate que encarna el espíritu único de Honduras.

Capítulo 2:

El Compromiso Hondureño con el Chocolate Excepcional

En el universo del chocolate, la calidad y la sostenibilidad se han convertido en los pilares fundamentales que no solo definen un producto excepcional, sino que también establecen un compromiso ético con las comunidades y el medio ambiente.

Al destacar la calidad excepcional de los granos de cacao hondureños y el compromiso con la sostenibilidad, los chocolates de Honduras se posicionan como no solo un deleite para el paladar, sino también como un catalizador de cambio positivo.

2.1 La Calidad como Estándar Inquebrantable: En el corazón de los chocolates hondureños yace un compromiso inquebrantable con la calidad.

Los granos de cacao, cultivados en las ricas tierras hondureñas, aportan una gama única de sabores que capturan la esencia misma del terroir.

Tomemos como ejemplo estrategias exitosas en otros países productores de cacao:

a. Suiza y Bélgica - Estándares de Calidad Inigualables:

- Países como Suiza y Bélgica han establecido estándares de calidad inigualables en la producción de chocolate. La búsqueda de la excelencia en la selección de granos y el proceso de fabricación ha elevado la reputación de sus chocolates a nivel mundial.

b. Chocolate Bean-to-Bar - Tendencia en Estados Unidos:

- En Estados Unidos, la tendencia "bean-to-bar" ha ganado popularidad, destacando la importancia de la calidad desde el origen hasta el producto final. Las marcas que han abrazado esta filosofía han logrado establecerse como referentes de calidad.

2.2 Sostenibilidad como Compromiso Social y Ambiental: La sostenibilidad es más que una palabra de moda; es un compromiso profundo con las generaciones presentes y futuras.

Las prácticas agrícolas sostenibles no solo preservan la tierra, sino que también impactan positivamente en las comunidades locales. Examinemos ejemplos que demuestran cómo este enfoque ha sido exitoso en otros sectores:

a. Café de Comercio Justo - Colombia:

- En Colombia, el enfoque en el comercio justo del café ha demostrado ser beneficioso tanto para los agricultores como para los consumidores. Las prácticas sostenibles han mejorado las condiciones de vida de los productores y han generado lealtad entre los amantes del café.

b. Empresas de Alimentos Orgánicos - Tendencia Mundial:

- A nivel mundial, las empresas de alimentos orgánicos han liderado la carga hacia prácticas agrícolas sostenibles. La creciente demanda de productos cultivados de manera sostenible resalta la importancia que los consumidores otorgan a la responsabilidad ambiental.

2.3 El Compromiso Hondureño: Los chocolates hondureños se comprometen a llevar la calidad y la sostenibilidad a nuevas alturas.

Desde la selección meticulosa de los granos de cacao hasta la implementación de prácticas agrícolas que respetan el entorno, cada etapa del proceso refleja un compromiso inquebrantable.

a. Agricultura Sostenible:

- Inspirados por el éxito de programas de agricultura sostenible en otras partes del mundo, los productores hondureños implementan prácticas que preservan la biodiversidad y promueven el bienestar de las comunidades locales.

b. Impacto Positivo en Comunidades Locales:

- Al adoptar un enfoque centrado en la comunidad, los chocolates hondureños buscan mejorar las condiciones de vida de los agricultores y sus familias. Programas de educación, atención médica y desarrollo comunitario forman parte integral de este compromiso.

Los chocolates hondureños no son simplemente una delicia; son la encarnación de un compromiso profundo con la calidad excepcional y la sostenibilidad. Este capítulo no solo resalta la excelencia del producto, sino también la promesa de un impacto positivo duradero en las comunidades hondureñas y en el planeta que todos compartimos.

Capítulo 3:

Experiencia en Tiendas:

El Encanto de los Chocolates Hondureños en Ubicaciones Exclusivas

En el mundo del chocolate, la experiencia de compra va más allá de la simple transacción comercial; es un viaje sensorial que cautiva los sentidos y nutre la conexión entre el consumidor y el producto.

Al establecer tiendas exclusivas en ubicaciones estratégicas de todo el mundo, los chocolates hondureños buscan no solo vender un producto, sino también contar la fascinante historia detrás de cada bocado.

3.1 Inspiración en Juan Valdez: Juan Valdez ha marcado la pauta en cuanto a la creación de experiencias en tiendas para productos relacionados con el café. Sus tiendas, presentes en lugares clave alrededor del mundo, no solo sirven como puntos de venta, sino como oasis que sumergen a los clientes en la cultura cafetalera colombiana. ¿Qué lecciones podemos extraer del éxito de Juan Valdez?

a. Ubicaciones Estratégicas:

- Las tiendas Juan Valdez se encuentran en ubicaciones emblemáticas, desde calles concurridas hasta aeropuertos internacionales. Esta estrategia asegura una exposición máxima a consumidores locales y turistas.

b. Experiencia Sensorial:

- La disposición de las tiendas Juan Valdez permite a los clientes no solo comprar café sino también experimentar la preparación, el aroma y el sabor del café colombiano.

- La experiencia va más allá de lo visual, involucrando activamente los sentidos.

3.2 Otros Ejemplos de Éxito:

a. Ladurée - Francia:

- Ladurée, la famosa pastelería francesa, ha transformado la experiencia de comprar *macarons* en una experiencia sensorial y estética. Sus tiendas ofrecen un ambiente elegante que resalta la calidad y la tradición.

b. Godiva - Bélgica:

- Godiva ha llevado el lujo del chocolate a niveles excepcionales. Sus boutiques ofrecen una variedad de experiencias, desde la degustación de pralinés hasta la creación personalizada de cajas de chocolate.

c. Nespresso - Suiza:

- Nespresso ha elevado la experiencia de compra de café al ofrecer boutiques exclusivas donde los clientes pueden degustar diferentes variedades, aprender sobre la procedencia de los granos y seleccionar máquinas de café personalizadas.

3.3 Estrategia para los Chocolates Hondureños: Inspirados por estos ejemplos, los chocolates hondureños buscan crear una experiencia en tiendas que combine la elegancia y la autenticidad. Esto se logrará mediante:

a. Ubicaciones Emblemáticas:

- Se seleccionarán ubicaciones estratégicas, desde céntricas boutiques en ciudades importantes hasta espacios exclusivos en aeropuertos y centros comerciales de alto tráfico.

b. Experiencia Sensorial:

- Las tiendas ofrecerán a los clientes la oportunidad de sumergirse en la historia del cacao hondureño. Áreas de degustación permitirán a los visitantes explorar la diversidad de sabores y aromas de los chocolates.

c. Narrativa Detrás del Chocolate:

- La procedencia del cacao será el centro de la narrativa, contando la historia de los agricultores y resaltando la singularidad de cada variedad de chocolate.

Al adoptar esta estrategia, los chocolates hondureños no solo se convierten en un producto, sino en una experiencia que cautiva los sentidos y deja una impresión duradera en la memoria de los consumidores.

La conexión emocional establecida en estas boutiques exclusivas transforma la compra de chocolate en una aventura, marcando el comienzo de una relación duradera entre la marca y sus devotos amantes del chocolate.

Vender nuestras historias es la táctica que abrirá la venta de nuestros chocolates.

Capítulo 4: Campañas de Marketing Emocional - Tejiendo Historias de Placer y Devoción

El poder del chocolate no solo radica en su sabor exquisito, sino también en su capacidad única para evocar emociones profundas y memorias entrañables.

Las campañas de marketing emocional para los chocolates hondureños buscarán no solo vender un producto, sino también contar historias que resuenen en el corazón de los consumidores, conectando el consumo con momentos especiales de indulgencia y placer.

4.1 Inspiración en Campañas Exitosas:
Echemos un vistazo a ejemplos de campañas de marketing emocional en productos nacionales que han resonado en todo el mundo:

a. Dove Chocolate - Estados Unidos:

- La campaña "Choose Pleasure" de Dove Chocolate ha destacado la conexión entre el chocolate y el placer personal. Utilizando imágenes evocadoras y mensajes que invitan a disfrutar del momento, la marca ha logrado posicionarse como un indulgente regalo para uno mismo.

b. Toblerone - Suiza:

- La campaña "Peak Moments" de Toblerone se centra en los momentos culminantes de la vida. Utilizando historias emotivas, la marca ha logrado asociar su chocolate triangular con momentos especiales de celebración y alegría.

c. Cadbury - Reino Unido:

- La campaña "Free the Joy" de Cadbury ha destacado la alegría y la felicidad asociadas con el consumo de chocolate.

- Al enfocarse en la liberación de la alegría, la marca ha creado conexiones emocionales duraderas con sus consumidores.

4.2 Estrategia para los Chocolates Hondureños:

a. Historias de Productores Locales:

- Las campañas de marketing para los chocolates hondureños se centrarán en las historias inspiradoras de los productores locales y sus familias.

Resaltar las caras detrás del chocolate, mostrando el arduo trabajo y la pasión que se vierte en cada cosecha, creará una conexión más profunda con los consumidores.

b. Momentos de Placer y Devoción:

- Las campañas se enfocarán en retratar el chocolate hondureño como un compañero de momentos especiales.

- Desde celebraciones hasta momentos íntimos de indulgencia, la marca buscará asociarse con la alegría y el placer.

c. Experiencias Sensoriales:

- Utilizando imágenes y narrativas que resalten las experiencias sensoriales del chocolate, las campañas evocarán los aromas, texturas y sabores únicos de los chocolates hondureños.

4.3 Resultados Esperados:

- Al seguir esta estrategia, se espera que los chocolates hondureños no solo sean vistos como un producto de alta calidad, sino como un portador de emociones y memorias. La conexión emocional cultivada a través de estas campañas contribuirá a la lealtad del consumidor y al posicionamiento de la marca en el mercado global.

Al adoptar una estrategia de marketing emocional, los chocolates hondureños se convertirán en más que una simple indulgencia; serán la encarnación de momentos de placer y devoción que perdurarán en la memoria de quienes los prueben.

La conexión emocional establecida a través de estas campañas será la chispa que encienda el amor duradero por los chocolates hondureños en todo el mundo.

Capítulo 5:

Diferenciación del Origen del Cacao - Los Tesoros de los Chocolates Hondureños

En el vasto mundo del chocolate, donde la competencia es feroz, la diferenciación del origen se convierte en un recurso invaluable. Los chocolates hondureños, con sus granos de cacao únicos, se embarcarán en una travesía para destacar su singularidad, enfocándose en resaltar los sabores inigualables y la diversidad de perfiles que solo la tierra hondureña puede ofrecer.

5.1 Lecciones de Éxito en la Diferenciación del Origen:

a. Swiss Chocolate - Suiza:

- La industria chocolatera suiza ha llevado la diferenciación del origen a nuevas alturas, destacando la calidad de los granos de cacao suizos.
- Marcas como Lindt y Toblerone han construido su reputación en la percepción de Suiza como un productor de cacao excepcional.

b. AOVE - Aceite de Oliva Virgen Extra - España:

- En el ámbito de los productos gourmet, el Aceite de Oliva Virgen Extra (AOVE) de España se ha destacado por la diferenciación del origen.
- Las marcas españolas han resaltado la calidad de los olivares españoles y la diversidad de sabores dependiendo de la región.

c. Champagne - Francia:

- La región de Champagne en Francia ha logrado diferenciar su vino espumoso del resto del mundo.

- La apelación de origen controlado ha garantizado que solo los vinos producidos en esta región específica puedan llevar la etiqueta de "Champagne".

5.2 Estrategia para los Chocolates Hondureños:

a. Singularidad del Cacao Hondureño:

- Las campañas para los chocolates hondureños destacarán la singularidad del cacao hondureño, resaltando los factores que contribuyen a su sabor distintivo.
- Se enfocarán en cómo el terroir hondureño, combinado con las prácticas agrícolas únicas, da como resultado un cacao con perfiles de sabor inigualables.

b. Historias de las Regiones Cacaoteras:

- Se contarán historias sobre las diferentes regiones cacaoteras de Honduras, resaltando las características específicas de cada área.

- Desde la costa caribeña hasta las montañas del interior, cada región contribuirá con matices únicos al sabor del cacao.

c. Asociación con los Agricultores:

- La estrategia se centrará en asociarse directamente con los agricultores locales, destacando sus conocimientos transmitidos de generación en generación y su papel crucial en la creación de los sabores excepcionales del cacao hondureño.

5.3 Resultados Esperados:

- Al diferenciar el origen del cacao hondureño, se espera que los chocolates no solo sean percibidos como productos de alta calidad, sino como tesoros culinarios que llevan consigo la esencia única de Honduras. Esta estrategia no solo atraerá a los conocedores del chocolate, sino que también establecerá a los chocolates hondureños como líderes en un mercado global competitivo.

A través de esta diferenciación del origen, los chocolates hondureños no solo se posicionarán como una opción de compra, sino como una experiencia única e inimitable. La narrativa del origen será el hilo conductor que tejerá la historia del cacao hondureño en la conciencia de los amantes del chocolate en todo el mundo.

Capítulo 6:

Colaboraciones Estratégicas - Elevando los Chocolates Hondureños a Nuevas Alturas

En el dinámico mundo del chocolate, las colaboraciones estratégicas se presentan como una oportunidad única para fusionar talentos y experiencias, creando ediciones especiales y colaboraciones exclusivas.

Para los chocolates hondureños, estas asociaciones no solo representan una oportunidad de elevar la percepción de la calidad, sino también de destacar la exclusividad que emana de la rica tradición cacaotera de Honduras.

6.1 Lecciones de Éxito en Colaboraciones Estratégicas:

a. Kit Kat x Patissier Yasumasa Takagi - Japón:

- La colaboración entre la marca de chocolates Kit Kat y el reconocido pastelero japonés Yasumasa Takagi resultó en ediciones especiales que fusionaban la pericia del chef con la calidad del chocolate.
- Estas colaboraciones elevaron la marca Kit Kat a nuevas alturas de sofisticación y exclusividad.

b. Häagen-Dazs x Pierre Hermé - Francia:

- Häagen-Dazs, conocida por sus helados de alta calidad, se asoció con el famoso pastelero francés Pierre Hermé para crear sabores exclusivos.

- Esta colaboración no solo atrajo a los amantes de los helados, sino también a aquellos que aprecian la maestría en la repostería.

c. Magnum x Dolce & Gabbana - Italia:

- La marca de helados Magnum se unió a la firma de moda italiana Dolce & Gabbana para crear ediciones especiales de sus productos. Esta colaboración no solo resaltó la calidad del helado, sino que también fusionó el lujo y el estilo de la moda con la experiencia del consumidor.

6.2 Estrategia para los Chocolates Hondureños:

a. Asociaciones con Chocolaterías de Renombre:

- Colaborar con chocolaterías de renombre mundial permitirá a los chocolates hondureños beneficiarse de la experiencia y la creatividad de maestros chocolateros reconocidos.
- Estas asociaciones pueden resultar en colecciones exclusivas que fusionan la maestría del chocolatero con la singularidad del cacao hondureño.

b. Chef Recomendado para Crear Recetas Exclusivas:

- Asociarse con chefs reconocidos internacionalmente para la creación de recetas exclusivas que utilicen los chocolates hondureños como ingrediente principal.
- Estas colaboraciones no solo resaltarán la versatilidad del chocolate, sino también el compromiso con la calidad y la creatividad culinaria.

c. Ediciones Limitadas en Colaboración con Marcas de Lujo:

- Colaborar con marcas de lujo para crear ediciones limitadas de chocolates hondureños. Estas colaboraciones pueden incluir empaques exclusivos, presentaciones elegantes y elementos que resalten la conexión entre el chocolate y la herencia cultural de Honduras.

6.3 Resultados Esperados:

- Al buscar colaboraciones estratégicas, se espera que los chocolates hondureños se destaquen como productos de lujo y exclusividad en el mercado global.

- Estas asociaciones no solo elevarán la percepción de la calidad, sino que también abrirán nuevas puertas para la marca en segmentos de consumidores que buscan experiencias únicas y refinadas.

A través de estas colaboraciones estratégicas, los chocolates hondureños se convierten en no solo un manjar delicioso, sino en una obra de arte culinaria creada en asociación con los mejores talentos del mundo del chocolate y la gastronomía.

La exclusividad de estas colaboraciones será la clave para destacar la excelencia y la distinción de los chocolates hondureños en el escenario mundial.

Capítulo 7:

Presencia en Redes Sociales - Compartiendo la Dulce Historia de los Chocolates Hondureños

En la era digital, la presencia en redes sociales se ha convertido en un elemento crucial para conectar con los consumidores y construir una comunidad leal.

Para los chocolates hondureños, la estrategia en redes sociales no solo será una ventana para mostrar la belleza y la calidad del producto, sino también una plataforma para compartir la historia detrás de cada bocado, involucrar a los consumidores y fomentar una comunidad global de amantes del chocolate.

7.1 Lecciones de Éxito en Presencia en Redes Sociales:

a. Oreo - Estados Unidos:

- La marca de galletas Oreo ha aprovechado plataformas como Instagram y TikTok para lanzar campañas creativas que involucran a los consumidores.
- La creación de contenido interactivo y la participación de la audiencia han sido clave para su éxito en redes sociales.

b. Nutella - Italia:

- Nutella ha cultivado una sólida presencia en redes sociales, compartiendo recetas, videos y contenido que destaca la versatilidad de su producto.
- La participación activa de los seguidores ha contribuido a construir una comunidad apasionada en línea.

c. Starbucks - Global:

- Starbucks ha utilizado Instagram y YouTube para contar historias detrás de sus productos, destacando la calidad del café y la experiencia en sus tiendas. La interacción con los seguidores y la promoción de campañas creativas han consolidado su presencia en redes sociales.

7.2 Estrategia para los Chocolates Hondureños:

a. Plataformas Visuales:

- Utilizar plataformas visuales como TikTok, YouTube, Facebook e Instagram para destacar la estética del chocolate hondureño y su origen. Videos cortos en TikTok pueden mostrar procesos de fabricación, mientras que YouTube puede ser utilizado para contenido más extenso, como visitas a plantaciones y entrevistas con productores.

b. Historias Tras el Chocolate:

- Compartir la historia detrás de cada producto, desde la plantación hasta el envase final. Las redes sociales son la plataforma perfecta para humanizar la marca, mostrando la dedicación de los productores y la pasión que se vierte en cada fase del proceso.

c. Contenido Interactivo:

- Fomentar la participación de los seguidores mediante contenido interactivo. Encuestas, preguntas y respuestas, desafíos y sorteos pueden crear una comunidad activa y comprometida.

7.3 Resultados Esperados:

- Se espera que una sólida presencia en redes sociales para los chocolates hondureños no solo construya una comunidad global de amantes del chocolate, sino que también sirva como una plataforma para educar a los consumidores sobre la calidad y la historia detrás de cada producto. La interacción constante con la audiencia contribuirá a la lealtad de la marca y al reconocimiento global.

A través de la presencia en redes sociales, los chocolates hondureños no solo serán un producto, sino una experiencia compartida.

La narrativa visual y la participación activa en línea permitirán que la marca trascienda las barreras geográficas y se conecte con una audiencia diversa que comparte la pasión por el chocolate de calidad y la autenticidad de su origen.

Capítulo 8:

Adaptación a Tendencias del Mercado - Elevando los Chocolates Hondureños a la Vanguardia

En un mercado en constante evolución, la capacidad de adaptarse a las tendencias emergentes es esencial para el éxito sostenido.

Para los chocolates hondureños, la estrategia de adaptación se centrará en mantenerse al tanto de los nuevos nichos de mercado, como la demanda de chocolates premium, orgánicos y de comercio justo.

Al ajustar la oferta para satisfacer las preferencias del consumidor, los chocolates hondureños destacarán no solo por su calidad, sino por su compromiso con las tendencias y valores contemporáneos.

8.1 Lecciones de Éxito en la Adaptación a Tendencias del Mercado:

a. Lindt - Suiza:

- Lindt ha mantenido su posición en la cima de la industria del chocolate al adaptarse a las tendencias del mercado.
- La introducción de líneas de chocolates premium, como la serie "Lindt Excellence", ha permitido a la marca atender a consumidores que buscan experiencias de chocolate más refinadas.

b. Green & Black's - Reino Unido:

- Green & Black's ha capitalizado la creciente demanda de chocolates orgánicos y de comercio justo.

- La marca ha logrado posicionarse como una opción ética y de alta calidad, atrayendo a consumidores preocupados por la sostenibilidad.

c. Alter Eco - Estados Unidos:

- Alter Eco se ha destacado en el mercado de chocolates de comercio justo y orgánicos. La marca ha demostrado que es posible ofrecer productos de calidad mientras se respeta tanto a los productores como al medio ambiente.

8.2 Estrategia para los Chocolates Hondureños:

a. Explorar el Segmento Premium:

- Introducir líneas de chocolates premium que destaquen la calidad excepcional del cacao hondureño.
- Estos chocolates pueden estar diseñados para satisfacer a consumidores que buscan una experiencia de chocolate más refinada y exclusiva.

b. Compromiso con la Sostenibilidad:

- Reforzar el compromiso con la sostenibilidad y el comercio justo.
- Certificaciones reconocidas internacionalmente pueden respaldar la narrativa de los chocolates hondureños como una opción ética y consciente.

c. Innovación en Ingredientes y Presentaciones:

- Mantenerse al tanto de las tendencias en ingredientes y presentaciones.
- La introducción de innovaciones, como chocolates con ingredientes saludables.

- Así mismo, las presentaciones creativas, atraen a consumidores que buscan experiencias únicas.

8.3 Resultados Esperados:

- Se espera que la adaptación a las tendencias del mercado permita a los chocolates hondureños no solo mantenerse relevantes, sino destacarse como pioneros en la industria del chocolate.
- Al alinearse con las preferencias del consumidor y abrazar valores contemporáneos, los chocolates hondureños pueden convertirse en líderes en nuevos nichos de mercado y ganar la fidelidad de consumidores diversos.

A través de la adaptación estratégica, los chocolates hondureños no solo siguen las tendencias, sino que las definen.

La capacidad de innovar y responder a las cambiantes preferencias del consumidor garantizará que los chocolates hondureños sigan siendo relevantes y apreciados en el dinámico mercado global de chocolates.

Conclusión:

Elevando los Chocolates Hondureños a Nuevas Alturas

En este viaje a través de las estrategias de branding para llevar los chocolates hondureños al escenario global, hemos explorado las profundidades de la rica tradición cacaotera de Honduras y trazado un mapa hacia la excelencia en el mercado del chocolate.

Desde la personificación de la marca hasta la diferenciación del origen, desde colaboraciones estratégicas hasta la adaptación a tendencias del mercado, cada estrategia se ha tejido cuidadosamente para elevar los chocolates hondureños a nuevas alturas.

Los chocolates hondureños no son solo un producto; son una historia, una experiencia y un tributo a la dedicación de los productores locales.

Han sido moldeados por la tierra fértil y las manos apasionadas que han cultivado el cacao durante generaciones.

Este libro ha sido una invitación a descubrir la autenticidad, la calidad y la diversidad de los chocolates hondureños, presentando estrategias que no solo buscan conquistar paladares, sino también corazones.

Llamado a la Acción: Cultivando una Revolución Chocolateada

El viaje no termina aquí; apenas está comenzando. Invito a los lectores a unirse a la revolución chocolateada, a ser arquitectos de esta historia del cacao hondureño. ¿Cómo pueden contribuir? Aquí hay algunas acciones concretas:

1. **Explorar y Compartir:** Descubran los chocolates hondureños. Prueben, experimenten y compartan sus experiencias en redes sociales. La palabra de boca en boca es un catalizador poderoso.

2. **Apoyar lo Local:** Busquen y respalden chocolaterías locales y marcas hondureñas. Cada compra es un voto de confianza en la calidad y la autenticidad.

3. **Conectar en Redes Sociales:** Síganos en nuestras plataformas sociales. Únanse a la conversación, compartan sus pensamientos y sean parte de la comunidad de amantes del chocolate hondureño.

4. **Promover la Sostenibilidad:** Apoyen prácticas sostenibles y de comercio justo. Al hacerlo, contribuyen al bienestar de los productores locales y al cuidado del medio ambiente.

5. **Innovar con Nosotros:** La innovación es clave. ¿Tienen ideas creativas para presentaciones, colaboraciones o nuevas variedades? ¡Compártanlas!

Este libro es más que palabras; es un llamado a la acción para todos aquellos que aprecian la exquisitez, la autenticidad y la pasión que se encuentran en cada bocado de chocolate hondureño. Juntos, podemos cultivar una revolución chocolateada que trascienda fronteras y deleite a los amantes del chocolate en todo el mundo. ¡A disfrutar y a compartir el dulce viaje de los chocolates hondureños!